AF357117

ASTYANAX,

TRAGÉDIE FRANÇOISE,

EN CINQ ACTES,

SERA REPRÉSENTÉE

AU COLLEGE

DE LOUIS LE GRAND,

POUR LA DISTRIBUTION DES PRIX

Fondés par S A M A J E S T É.

Le Mercredy, deuxiéme jour d'Août 1758. à une heure & demie après midi.

On en fera une répétition publique le Dimanche 30 de Juillet, dans une Salle, à deux heures & demie.

A P A R I S,

Chez BARBOU, Libraire-Imprimeur du Collége de Louis le Grand.

M. DCC. LVIII.

PERSONNAGES ET NOMS

DES ACTEURS DE LA TRAGÉDIE.

AGAMEMNON.
  HILARION DE BECDELIEVRE,   *de Nantes.*
NÉOPTOLÉME.
  MARC ARMAND DE MONTMORIN DE S. HEREM, *de Paris.*
ULISSE.
  PIERRE-FRANÇOIS CHALUMEAU,   *de Paris.*
AJAX, Fils d'Oïlée.
  PAUL-ÉTIENNE-AUGUSTE DE SAINT AIGNAN,   *de Paris.*
DIOMEDE.
  THOMAS-FRANÇOIS LE TORT DANNEVILLE,   *de Coutance.*
PHILOCTETE.
  MARC-GUI-MARIE DU COETLOSQUET,   *de Bretagne.*
IDOMENÈE.
  CLAUDE BARBERIE DE SAINT CONTEST,   *de Paris.*
ASTYANAX.
  ANTOINE-JOSEPH DE BEAUMONT,   *d'Avignon.*
XANTHOR, Gouverneur d'Astyanax.
  JEAN-JACQUES FUMERON,   *de Versailles.*
Le Fils de XANTHOR.
  PAUL-FRANÇOIS DE LA VAUGUYON DE S. MEGRIN, *de Paris.*
IDÈE, Héraut des Rois de Troye.
  JEAN-JACQUES THEVENIN,   *de Versailles.*
Le Fils d'IDÈE.
  JEAN-BAPTISTE DE BOUTIGNY,   *de Paris.*
LE CHŒUR.
GARDES.

La Scéne est sur le Rivage de Troye, dans le Camp des Grecs.

JEUNES TROYENS,
DONT SERA COMPOSÈ LE CHŒUR,
DANS LA TRAGÉDIE D'ASTYANAX.

FRANÇOIS-CLAUDE ANTOINE,	*de Verſailles.*
TOUSSAINT CANAVAS,	*de Bordeaux.*
VINCENT CHABANON, *chante & déclame*,	*de S. Domingue.*
LOUIS D'AMONTOT, *déclame*,	*de Rouen.*
HONORÉ-LAMBERT DAIMAR,	*de Verſailles.*
JEAN-BAPTISTE DE BOUTIGNY,	*de Paris.*
CHARLES-FRANÇOIS GISSEY, *déclame*,	*de Paris.*
CLEMENT-AUGUSTE DE KARG,	*de Francfort ſur le M.*
JEROME-CHARLES DE LAAGE DE CLISSON,	*de Xaintes.*
PAUL-FR. DE LA VAUGUYON DE S. MEGRIN, *décl.*	*de Paris.*
LOUIS-MARIE DE MAILLY, *déclame*,	*de Paris.*
CHARLES DE SAILLY,	*d'Orléans.*
JEAN-BAPTISTE DORINIERE,	*d'Aurillac.*
MARC-GUI-MARIE DU COETLOSQUET,	*de Bretagne.*
CHARLES-ARM. AUG. MARIE HUBERT,	*de Paris.*
GABRIEL LE MAITRE,	*de Paris.*
JEAN-BAPTISTE NARCY,	*d'Orléans.*
PIERRE-JUVENAL PATIOT,	*de Metz.*
JEAN-BAPTISTE CERBONET THEVENIN,	*de Verſailles.*
JEAN-MICHEL-BERNARD TURIN,	*d'Erfurt.*

La Muſique eſt de la Compoſition de M. Duché ; & les Vers deſtinés au Chant ſe trouvent page 11.

SCÉNES FRANÇOISES

EN PROSE ET EN VERS,

QUI PRÉCÉDERONT LA TRAGÉDIE.

NOMS DES ACTEURS.

ALEXANDRE-PHILIPPE SAUVAIGE, *de Paris.*

JEAN-ANT. TEISSIER DE MARGUERITTES, *de Nimes.*

JEAN DE MAUCROIX, *de la Martinique.*

TOUSSAINTS CANAVAS, *de Bordeaux.*

ALEXIS-LEON DE MONTBOISSIER, *de Paris.*

JEAN NIHELL, *de Rouen.*

LOUIS D'AMONTOT, *de Rouen.*

On trouvera page 10, les noms de ceux qui prononceront l'éloge du Roi avant la distribution des Prix.

PREMIERE ENTRÈE DES DANSES.

Elle fuivra immédiatement le Prologue.

TELEMAQUE, fils d'*Uliffe* & de *Penelope*, petit-fils de *Laerte*, &c. héritier préfomptif de la *Couronne* d'Ithaque, deftiné à perpétuer la gloire de *fon Nom*, paffe des bras de *Minerve* entre ceux de *Mentor*. Entouré de Maîtres éclairés, il prélude par l'étude de tous les Arts, à celui d'être Roi. *On laiffe aux Spectateurs l'application de ce Tableau.*

DANSERONT:

MM. de Rofanbo, *Telemaque* ; de Coetivi, *Mentor* ; de Tilly, *Géographe* ; de Boisfermée, *Aftronome* ; du Treil, *Géometre* ; de Maucroix, *Naturalifte* ; Defmaifons, de Bourzac, Deftaboureaux, du Lattay, *Eleves* ; Canavas, *Muficien* ; Dougé, *Maître de Danfe* ; de Chimay, *Maître en fait d'Armes* ; Doriniere, *Ecuyer* ; de Mont-boiffier, *dirigeant un exercice militaire.*

JEUNES COURTISANS:

MM. Cacciapiatty, Copeauville, Beaumont, N...., de Mailly, d'Amontot, Giffey, Magnan.

VERS qui feront chantés dans cette Entrée.

Elevons nos Chants jufqu'aux Cieux.

Chantons un Prince aimé qui préfage à nos yeux

La Gloire,

Avec la Victoire.

CHANTERONT:

MM. Canavas, de Boutigny, de Cliffon, de Sailly, Antoine, & les autres nommés page 4.

Recevront des Leçons de Danfe :

MM. de Becdelievre, d'Hohenlohe, du Coetlofquet, de Karg, de Zuylen, Sauvaige, Defmé.

Eleves de l'Art Militaire:

MM. de Crillon, de Baffompierre, de Chabanois, Marquet, du Châtel, Nadau, de Boulogne, Minier, de la Michodiere, d'Ecquevilly, &c.

Courront la Bague :

MM. de Boisfermée, de Tilly, Fontaine, Canavas, Maucroix, du Treil.

SECONDE ENTRÉE.

Elle ne s'exécutera qu'après la Tragédie.

ON retrace aux yeux de la jeuneſſe, l'hiſtoire de Narciſſe ſéduit par ſon image, & victime de ſon amour propre.

. . . . viſæ correptus imagine formæ. . . . .

Adſtupet ipſe ſibi. . . . .

Spectat humi poſitus geminum, ſua lumina, ſidus,

Et dignos Baccho, dignos & Apolline crines. . . .

Credule, quid fruſtra ſimulacra fugacia captas ?

. . . . tantus tenet error amantem !

Ovid. Met. . . .

DANSERONT :

MM. d'Hohenlohe, *Narciſſe* ; Dougé, *Echo* ; de Coetivy, *conduiſant une troupe de Chaſſeurs* ; de Zuylen, du Treil, de Karg, du Coetloſquet, de Maucroix, Sauvaige, de Boisfermée, de Tilly, Fontaine, Doriniere, de Montboiſſier, Cacciapiatty, de Roſanbo, de Copeauville, Canavas, de Mailly, Deſmaiſons, de Bourzac, Giſſey, Deſmé, Beraud, Magnan, d'Amontot.

On a cru devoir changer quelque choſe à la Fable, d'où le Sujet de cette Entrée eſt tiré. Ici Echo ne paroît que pour détromper Narciſſe. On a ſubſtitué à la métamorphoſe de ce jeune Chaſſeur une Deſtinée plus aiſée à repréſenter, &c.

TROISIÉME ENTRÉE.

Après la Distribution des Prix.

LES leçons données à la jeuneſſe dans l'Entrée précédente, les exemples d'émulation qui lui ont été propoſés dans la premiere, amenent, comme récompenſe, dans la troiſiéme, un Divertiſſement Paſtoral.

DANSERONT:

MM. de Montboiſſier, Doriniere, de Roſanbo, Cacciapiaty, de Mailly, Coetivy, de Maucroix, Dougé, de Becdelievre, d'Hohenlohe, de Tilly, de Zuylen, du Coetloſquet, de Karg, d'Amontot, de Copeauville, de Boisfermée, du Treil, Sauvaige, Fontaine, de Bourzac, Magnan, Giſſey, du Lattay, Beaumont, Deſtaboureaux, Deſmé, Beraud, Deſmaiſons, Canavas.

VERS qui ſeront chantés dans cette Entrée.

Les champs nuancés de verdure,
Sont moins riants que nos plaiſirs.
Le ruiſſeau qui fuit & murmure,
Eſt moins leger que nos déſirs.

Nous coulons, au ſein des bocages,
Des jours auſſi purs que nos cœurs.
Heureux qui vit ſous des feuillages,
Entre une Muſette & des Fleurs !

Chantera M. DORINIERE.

DANSERONT

DANSERONT DANS LES TROIS ENTRÉES:

ANNE-MATHIEU DOUGÉ, *de S. Domingue.*
HERCULE LE BORGNE DE COETIVY, *de Treguier.*
HILARION DE BECDELIEVRE, *de Nantes.*
JEAN DE MAUCROIX, *de la Martinique.*
JOSEPH DE ZUYLEN, *de Bruge.*
TOUSSAINTS CANAVAS, *de Bordeaux.*
ALEXANDRE-PHILIPPE SAUVAIGE, *de Paris.*
CHARLES D'HOHENLOHE-WALDENBOURG-SCHILLINGS-
   FURST, *de Franconie.*
CHARLES DU TREIL, *de l'Amérique.*
ETIENNE DE TILLY, *de l'Amérique.*
JACQUES D'ESPREMENIL DE COPEAUVILLE, *de Ponticheri.*
LOUIS-MARIE DE MAILLY, *de Paris.*
ALEXIS-LEON DE MONTBOISSIER, *de Paris.*
CHARLES-BONAV. DE BOISFERMÉE, *du Fort S. Pierre.*
CHARLES DESMÉ, *de Mante.*
CHARLES-FRANÇOIS DE GISSEY, *de Paris.*
CLEMENT-AUGUSTE DE KARG, *de Francfort fur le M.*
JEAN-BAPTISTE DORINIERE, *d'Aurillac.*
LOUIS D'AMONTOT, *de Rouen.*
MARC-GUI-MARIE DU COETLOSQUET, *de Bretagne.*
PIERRE BERAUD, *de Bordeaux.*
PIERRE FONTAINE, *de Paris.*
PIERRE MAGNAN, *de S. Domingue.*
JEAN-FRANÇOIS DE BOURZAC, *de Perigord.*
CHARLES-FRANÇOIS-EMM. CACCIAPIATTI, *de Novare.*
CHARLES-FRANÇOIS DES TABOUREAUX, *de Bourgogne.*
JOSEPH-AUGUSTIN-MARIE DESMAISONS, *du Limoufin.*
LOUIS LE PELLETIER DE ROSANBO, *de Paris.*
LOUIS-FRANÇOIS SAINTPERN DU LATTAY, *de Rennes.*
CHARLES BEAUMONT, *d'Albret.*

Les Danfes font de la Compofition de M. Le Voir, de l'Aca-
démie Royale de Mufique.

B

PRONONCERONT L'ÈLOGE DU ROI

Avant la Diftribution des Prix fondés

par S A M A J E S T É.

Hilarion de Becdelievre,   *de Nantes.*
Paul-Etienne Aug. de Saint Aignan,   *de Paris.*
Henry-Charles de Cressier,   *de Paris.*
Charles d'Hohenlohe,   *de Franconie.*
Clement-Auguste de Karg,   *de Francfort fur le M.*
Louis-Marie de Mailly,   *de Paris.*
Alexis-Leon de Montboissier,   *de Paris.*
Claude Barberie de Saint Contest,   *de Paris.*
Marc-Gui-Marie du Coetlosquet,   *de Bretagne.*
Anne-L. Henry Phelippes de la Houssaye, *de Paris.*
Marc-Armand de Montmorin de Saint Herem,
    de Paris.
Paul-François de la Vauguyon de Saint Megrin,
    de Paris.
Louis le Pelletier de Rosanbo,   *de Paris.*
Jean-François de Bourzac,   *de Perigord.*

SCÉNES
QUI SERONT CHANTÉES
DANS LA TRAGÈDIE D'ASTYANAX.

> . . . . . *Deofque precetur , & oret ,*
> *Ut redeat miferis , abeat fortuna fuperbis.*
> Hor. A. P.

ACTE I.

SCÉNE VI.

Les quatre premiers vers font déclamés , & achevent le Tableau
de Troie ruinée.

LE CHŒUR.

IMPLORONS la clémence
Des Dieux nos feuls vengeurs ;
Et que par leur puiffance
Soient domptés nos Vainqueurs.

B ij

Vers déclamés.

UNE VOIX.

M. DE BOUTIGNY.

Ilion, d'où l'Aurore
Dardoit les feux du jour naiffant,
Quelle nuit femble éclore
Sur ton horifon paliffant. *

Vers déclamés, où l'on paffe de la douleur à l'efpoir.

UNE VOIX.

M. DE CLISSON.

Reviens, Zephir volage ;
Venez encore, Oifeaux,
Au murmure des eaux,
Mêler votre ramage.

Ce fortuné féjour
Etoit exempt d'allarmes.
Où nous verfons des larmes,
Les Ris fixoient leur cour.

Reviens, &c.

* *Orbis pallidus.* Ovid.

ACTE II.

SCENE XIII.

Les premiers Vers font déclamés. Aftyanax fouftrait aux recherches des Grecs, intéreffe tous les vœux du Chœur.

UNE VOIX.

M. DE CLISSON.

HELAS ! avec un cœur fi vertueux, fi tendre,
Que n'a-t-il un Trône à remplir !
D'un rang dont il eft digne, il ne dût pas defcendre.
Ma voix prête à l'y rétablir,
Réclame tous les droits que le Ciel dût lui rendre.

Hélas ! &c.

Vers déclamés.

UNE VOIX.

M. DORINIERE.

A vous refpecter tout afpire :
Regnez, Aftyanax ; nous ferons vos Sujets.
Reprenez fur nous votre empire :
Qu'il s'étende partout, & ne ceffe jamais.

Vers déclamés.

UNE VOIX.

M. CANAVAS.

Que n'eſt-il plus heureux !
C'eſt tout ce que mon cœur déſire ;
Et le plaiſir de le redire,
Ne peut encore exprimer tous mes vœux.

LE CHŒUR.

A vous reſpecter, &c.

ACTE III.

SCÉNE IX.

Aftyanax découvert, & au pouvoir des Grecs, caufe les plus vives allarmes aux Troyens.

UNE VOIX.

M. DE CLISSON.

DANS les Antres du Mont Ida,
Un foible Agneau crut trouver un afile ;
Et les Bergers dont la voix le guida,
Lui promettoient un deftin plus tranquille.
Mais helas ! fes cris indifcrets
Ont ouvert fa retraite aux Tyrans des Forêts.

LE CHŒUR.

Tous les Tirans des Bois n'égalent pas encore
Ceux dont la rage nous dévore.

UNE VOIX.

M. DE BOUTIGNY.

A l'ombre d'un cyprès,
Croiffoit une Fleur chancelante ;

Et sa tige encore naissante ,
Se nourrissoit des pleurs secrets
D'une Aurore compatissante.
Mais helas ! les Tyrans des airs
Ont livré son printemps aux fureurs des hivers.

LE CHŒUR.

Tous les Tirans des airs n'égalent pas encore
Ceux dont le souffle nous dévore.

Vers déclamés.

UNE VOIX.

M. DE BOUTIGNY.

Volez , volez , Dieux , qu'Ilion revere ,
Au secours d'un peuple expirant.
Domptez la fureur sanguinaire
Du plus farouche Conquerant.

UNE AUTRE VOIX.

MONSIEUR * * *.

Montre-toi , Grand Dieu de la Thrace ,
Arme ton bras , défends nos jours :
Qu'il triomphe de cette audace ,
Dont tu dois triompher toujours.

LE CHŒUR.

Arme ton bras , &c.

ACTE

ACTE IV.

SCENE VI.

Les premiers Vers sont déclamés ; une lueur d'Espérance succéde aux allarmes. Astyanax menacé des dernieres rigueurs , semble devoir y échapper par un événement heureux,

UNE VOIX.

M. DE BOUTIGNY.

Goutons enfin, goutons les plaisirs les plus doux,
O jours favorables !
O jours aimables !
Brillés encore, & renaissés pour nous.

LE CHŒUR.

Goutons, &c.

TROIS VOIX.

MESSIEURS,

ANTOINE, DORINIERE, DECLISSON,

Quand cesseront les horreurs de la guerre ?
N'aurons-nous donc jamais que des pleurs à verser ?

C

Un calme heureux regne ailleurs fur la terre :
Jufqu'ici ne peut-il paffer ?

Vers déclamés.

UNE VOIX.

M. DE BOUTIGNY.

Chantons, chantons : les Dieux calmeront leur courroux.
O jours favorables !
O jours aimables !
Brillés encore, & renaiffés pour nous.

LE CHŒUR.

Chantons, &c.

UNE VOIX.

M. DECLISSON.

Roffignols, qui voliés fous le naiffant feuillage,
J'implore vos fons enchanteurs.
Au concert de nos cœurs,
Joignés votre ramage.
Chantés notre fidéle hommage
Pour nos Rois.
Faites entendre vos voix.

Roffignols, &c.

Vers déclamés & adreſſés à Aſtyanax abſent.

DEUX VOIX.

MESSIEURS,

DE BOUTIGNY, DECLISSON.

Regne un jour, regne ſur ces bords :
Les Dieux feront pour toi, jouis de leur victoire.
Leur vengeance ſert à ta gloire,
Et ton triomphe à nos tranſports.

Regne, &c.

ACTE V.

SCENE VII.

Les premiers Vers sont déclamés. Le désespoir des Troïens éclate.

UNE VOIX.

MONSIEUR, * * *

ARRACHÉS en pleurant des Rives de l'Asie.
Sur des bords étrangers allons porter des fers.
Esclaves malheureux, Citoïens sans Patrie,
Faisons de nos sanglots retentir l'Univers.

UNE AUTRE VOIX.

MONSIEUR, * * *

Grands Dieux, souffrirez-vous le pouvoir tyrannique
Qu'un peuple ambitieux usurpe sur nos Rois ?

UNE AUTRE VOIX.

M. DORINIERE.

Ciel, qu'on vit protéger la Phrygie autrefois,
Que ta colere enfin s'explique.
Lance ta foudre, venge & nos pleurs & nos droits.

LE CHŒUR.

Lance ta foudre, &c.

UNE VOIX.

MONSIEUR, * * *

Des Dieux qui reglent tout, respectons la puissance.
Si leur courroux paroît suspendre la vengeance,
Ils différent, pour éclater.
Que de sang nos pleurs vont coûter !

Tremble, Ennemi : rien ne peut te défendre.
Dans les flots entr'ouverts nous te verrons descendre.
Tous nos malheurs pour toi feront à redouter.
Tes supplices font prêts : nos vœux vont les hâter.

UNE AUTRE VOIX.

M. *DORINIERE.*

Ulysse errant devient la premiere victime.

LE CHŒUR.

Juste Ciel ! . . .

MÊME VOIX.

M. DORINIERE.

. . . Que n'est-il plutôt privé du jour !
Faut-il qu'il survive à son crime,
Et retourne encore à sa Cour ?

Pour l'engloutir, Neptune, ouvre ton vaste empire.
Ciel, avec tous les Grecs ordonne qu'il expire.
Nous aurons du moins la douceur
De voir nos maux vengés par son malheur.

FIN.